新雅・成長館

情緒 小管家

遇上欺凌，不畏懼

吉爾・赫遜　著

莎拉・詹寧斯　圖

被人作弄或欺凌，並不有趣。這本書會告訴你，遇上這情況，可以怎樣面對。

這本書還會告訴你在什麼時候，應該停止作弄別人的行為。

新雅文化事業有限公司
www.sunya.com.hk

新雅·成長館

情緒小管家：遇上欺凌，不畏懼

作　　者：吉爾·赫遜（Gill Hasson）
繪　　圖：沙拉·詹寧斯（Sarah Jennings）
翻　　譯：何思維
責任編輯：葉楚溶
美術設計：鄭雅玲
出　　版：新雅文化事業有限公司
　　　　　香港英皇道499號北角工業大廈18樓
　　　　　電話：（852）2138 7998
　　　　　傳真：（852）2597 4003
　　　　　網址：http://www.sunya.com.hk
　　　　　電郵：marketing@sunya.com.hk
發　　行：香港聯合書刊物流有限公司
　　　　　香港荃灣德士古道220-248號荃灣工業中心16樓
　　　　　電話：（852）2150 2100
　　　　　傳真：（852）2407 3062
　　　　　電郵：info@suplogistics.com.hk
印　　刷：中華商務彩色印刷有限公司
　　　　　香港新界大埔汀麗路36號
版　　次：二〇二〇年七月初版
　　　　　二〇二三年三月第三次印刷
版權所有·不准翻印

ISBN: 978-962-08-7547-2

Original Title: *KIDS CAN COPE : Turn Away from Teasing*
First published in Great Britain in 2020 by The Watts Publishing Group
Copyright in the text Gill Hasson 2020
Copyright in the illustrations Franklin Watts 2020
All rights reserved.
Edited by Jackie Hamley
Designed by Cathryn Gilbert

Franklin Watts, an imprint of Hachette Children's Group
Part of The Watts Publishing Group
Carmelite House
50 Victoria Embankment
London EC4Y 0DZ
An Hachette UK Company
www.hachette.co.uk
www.franklinwatts.co.uk

Traditional Chinese Edition © 2020 Sun Ya Publications (HK) Ltd.
18/F, North Point Industrial Building, 499 King's Road, Hong Kong
Published in Hong Kong SAR, China
Printed in China

目錄

什麼是作弄？

作弄人就是指拿別人來開玩笑。有些人會取笑別人的外貌、說話方式或行為，也有些人會拿別人喜歡或討厭的事情來開玩笑。

　　有些人可能不是故意作弄別人和令人難過，也
許他們只是覺得好玩。可是，如果作弄人會令別人難
過，這就一點也不有趣了。另外，如果被作弄的人要
求對方停止作弄自己，對方卻沒有停下來，作
　　　弄就會變成欺凌。

被人作弄會有什麼感覺？

當你被別人作弄，可能會感到尷尬或羞愧。你也許會感到臉部發燙，甚至會想縮作一團或是在地上挖個洞鑽進去，讓自己逃離那個環境。

　　當別人作弄你的時候，你可能會感到難過，甚至生氣。也許，你的腦袋滿是憤怒的想法，很想說些話、做些事來報復作弄你的人。

感到難受和孤單

　　當你被別人作弄，或許會自我懷疑，覺得自己很差。你會因為自己跟別人不同，害怕犯錯或怕被取笑，而避開一些活動。

　　小艾不喜歡在班上大聲朗讀，她說話的聲音很小，其他小朋友會因此而取笑她。小艾覺得尷尬，很想找個地方躲起來。

里奧不想跟朋友在公園裏玩耍，因為他們取笑他的球鞋又舊又便宜，令他感到難過。

當你被作弄，
情緒會使你闖禍

　　有時候，當你被別人作弄，會感到非常生氣。你可能會向對方發脾氣，但這些情緒有機會使你闖禍。

　　小賓常常作弄姊姊安妮，他會模仿安妮做的所有事，就算安妮叫他停下來，他也不會聽從。安妮很生氣，她對着小賓大聲叫喊，還追着小賓跑。小賓責怪安妮追着他，向媽媽投訴安妮的行為，結果媽媽就責備安妮了。

當你被別人孤立

　　如果作弄的行為有多人參與，那麼對被作弄的人會造成更大的傷害。有時候，他們作弄人的方法是孤立別人。

　　平日午飯時，栢兒常常跟美莉和小雅坐在一起吃飯。可是，今天美莉和小雅告訴栢兒，她不能跟她們一起坐。美莉說，她們要跟伊恩和里安坐在一起，談談話劇學會的事。

　　「你怎麼會那麼害羞？連話劇學會也不敢加入！」里安取笑栢兒，令栢兒覺得很難過。

後來，栢兒告訴美莉和小雅，她不
喜歡別人取笑她害羞，而她們這樣做，
令她覺得被孤立了。

當你被別人作弄，
可以做些什麼？

當別人作弄自己，其中一個應付方法是開玩笑。你可以大笑，然後說聲「真有趣呀！」

可是，你也不是每次都能夠笑一笑，就可以把事情放到一旁去。

如果你因為別人的作弄而感到難過或憤怒，這樣就不能以開玩笑來解決問題。

幸好，當別人作弄你、令你難過時，你還是可以做些事來面對這個情況。有時候，作弄你的人並不知道他的行為會令你感到那麼煩惱。

所以，一定要告訴對方，你不喜歡他作弄自己，並希望他停止這些行為。

怎樣保護自己？

　　如果你因為別人的作弄而感到難過或憤怒，記住，這並不是你的錯！

　　那些作弄你的人，可能會把事情當作一個遊戲。如果你看起來很難過，他們可能會繼續玩下去。如果你生氣了，也可能會因為一時衝動而闖禍。可是，如果你一點反應也沒有，遊戲就結束了。

　　結束這個遊戲的其中一個方法是不要理會作弄你的人。如果這個方法沒有用，就要告訴對方，你不喜歡他們的行為，請他們停止作弄你。你在說話時，不要讓聲音聽起來很難過，嘗試用堅定的語氣說出來，用別人可聽見的音量就可以了，不用太大聲。當你把話說完後，就要走開，做別的事情去。

對方可能會繼續作弄你，而且變本加厲，希望你會作出什麼反應。不過，你越是不理會他們，他們就可能越快放棄。

當小賓模仿安妮時，安妮決定不再理會他。小賓繼續模仿她，她就堅定地叫小賓停下來，聲量也大得足以讓媽媽聽到。小賓不想被媽媽責備，所以就停下來了。

練習表達自己的感受

　　你也可以請別人幫你想想，要保護自己時，可以說些什麼，然後就練習說出來！你可以跟別人一起練習，也可以自己對着鏡子練習。你可以試試說：「我不喜歡你這樣說（或這樣做）！」、「停吧！」、「這樣很差勁啊！」或是「這樣很不友善！」

　　當你練習得多，就會更易以冷靜和堅強的方式來表達自己的感受。這樣，在你需要保護自己的時候，就能馬上知道要說什麼、做什麼了。

我是個堅強的人！
我是個友善的人！

當某人經常作弄你，你會很容易覺得自己一無是處，連自己都不喜歡自己。你可以練習欣賞自己。

告訴自己，你是個可愛又堅強的人。同時，也要想想自己有什麼值得欣賞的東西，例如你唱歌很動聽，你是一個很好的聆聽者，或是你很擅長跑步。

在你感到難過或出現一些不好的想法時，想像一下這些感受、想法正好跟你擦身而過。然後，想想美好的事，讓它們填滿你的腦袋。

19

跟別人傾訴

如果別人不停作弄你，那麼你是時候跟信任的大人談談了，這個人可以是老師或家人。

當你跟別人說自己被作弄了，他們可能會跟你說「這只是開玩笑」或「不要擔心這件事」。他們也許會認為只要你不擔心、不在乎這些事，別人就會停止作弄你了。

有時候，這個方法是有效的。如果別人真的不再作弄你，那多麼好啊！可是，如果別人還是繼續作弄你，那麼這些意見就像是對着牆說話一樣，沒有什麼幫助。

尋求協助

　　如果你跟別人傾訴了，但是對方幫不到你，你就要跟其他人談談。你可以跟信任的親人談談，如父母、祖父母、姊姊、哥哥等。當然，你也可以找老師或朋友的父母傾訴。無論你跟誰傾訴，都要把自己被別人作弄的經過和感受說出來。

你一定很難受了。我們一起來想想可以怎樣做吧。

我覺得很難過，也很害怕。

也許，你可以請老師跟同學們說說作弄別人的壞處，例如這些行為會令人有什麼感覺、為什麼需要停止作弄別人等。

我不喜歡這樣。

我們會幫助你的。

你的朋友也能幫助你，他們可以叫別人停止作弄你。

如果你覺得在認識的人中，都沒有一個人可以跟你談談，你還可以通過電話或電郵跟其他人傾訴。請翻閱第30頁，你就會了解更多資訊。

保護他人

　　如果你看見別人被作弄或欺凌，那麼你可以做些什麼呢？

　　當這些事情發生，你可能會感到害怕，擔心自己要是說了什麼話，就會成為下一個被攻擊的對象。你一定要保護自己，但是如果你看到別人被作弄或欺凌，你還是可以做些事來幫助他的。當大家看到某個人不友善地對待他人，其實大部分人都會認為這是不對的，只是不敢表達。因此，如果你站出來為別人發聲，其他人可能就會支持你了。

　　你可以嘗試說一些話，讓你的朋友一同發聲。你只需要說：「請不要這麼不友善！」如果對方沒有停下來，你和朋友就可以去找老師或大人幫忙。

在學校裏，有兩個同學經常作弄小卡。他們為小卡取花名，又取笑小卡說話古怪。只拉為小卡發聲：「你們不應該為小卡取花名，這樣做太差了！請不要欺負他！」

那兩個同學還是繼續作弄小卡，於是喬希就把事情告訴老師，並邀請小卡以後可以跟他和其他同學玩耍。

如果你作弄別人……

　　你有沒有試過作弄人？或許你不知道，這樣做可能會令別人難過。

　　作弄別人的其中一個問題是，你不太知道在什麼時候應該停下來。可是，如果你作弄別人，令別人感到難過或生氣，你就必須立刻停止，並向對方道歉。

　　試想想，要是別人也這樣對待你，你會有什麼感受呢？也許，你覺得自己會一笑置之，但並不是每個人也能這樣。

　　你可以做其他有趣的事情，千萬不要從取笑別人中尋求樂趣。

當作弄變成欺凌

　　當被作弄的人要求對方停下來，但他還是繼續下去，作弄就會變成欺凌。

　　如果你作弄別人，對方要求停止這些行為，而你又不理會，那麼你就是在欺凌對方了。要是你鼓勵其他人去作弄別人，或是你不讓別人跟你和朋友一起玩，這也是欺凌。

　　試想想，要是別人也這樣對待你，你會有什麼感受呢？如果你覺得自己可能在欺凌某個人，你也許需要一些幫助，找出欺凌別人的原因，並停止這種行為。你可以跟老師或家人談談。

遇上欺凌，不畏懼

如果你被別人作弄，你可以做這些事：

- 表達你不喜歡這些行為，並叫作弄你的人停下來。
- 不給對方反應，不理會他。
- 如果對方沒有停止作弄你，就要保護自己。
- 練習一下怎樣表達自己，使自己更易把話說出來。
- 要堅定地表達自己，用別人能聽見的聲量告訴對方，你希望對方停止作弄你。
- 如果你看到別人被人作弄，可以幫助他們。只要你願意站出來，其他人也會敢於發聲和支持你。

如果你作弄別人，令對方感到難過、生氣，你就要立刻停止，不要以作弄別人來尋找樂趣。記住，要是作弄別人而令對方難過，這就變成了欺凌。

如果你因為被人作弄而難過，不需要獨自去面對，可尋找協助。你可以把事情告訴你信任的人。要是你覺得認識的人中，沒有一個人能聽你傾訴或幫助你，你可以向提供兒童輔助服務的機構諮詢，以下是一些機構例子：

- 社會福利署（https://www.swd.gov.hk）
- 東華三院（https://www.tungwahcsd.org）
- 香港小童群益會（https://www.bgca.org.hk）
- 香港保護兒童會（https://www.hkspc.org）
- 香港明愛家庭服務（https://family.caritas.org.hk）

你也學會了被人作弄時，應該怎樣做。

現在，你知道被人作弄的感受是怎樣了。

活動

畫畫和寫作能幫助你多思考怎樣面對別人的作弄和欺凌。

- 回想一下你某次被人作弄的經歷，把當時發生的事畫出來。在圖畫的底部寫上你被人作弄時的感受。你會用哪些詞語呢？

生氣　　憤怒　　煩惱　　緊張　　傷心

沮喪　　羞愧　　尷尬　　不安

- 回想一下你某次作弄別人的經歷，把當時發生的事畫出來。在圖畫的底部寫上對方被你作弄時的感受。你會用哪些詞語來形容他們的感受呢？

生氣　　憤怒　　煩惱　　緊張　　傷心

沮喪　　羞愧　　尷尬　　不安

- 當你被別人作弄或欺凌時，會說些什麼來保護自己呢？畫一幅自畫像，在你的頭上畫一個對話框，然後在框內寫上這些話。

- 你喜歡自己什麼呢？把它們全部寫在紙上。然後對着鏡子，把紙上的內容告訴自己。

- 如果你被人欺凌，或是你知道另一個人被欺凌，你可以告訴誰和尋求他的幫助呢？畫一幅畫，內容是你正在向他人求助。

- 設計一張反對欺凌的海報。你可以在海報上寫：向欺凌說不！然後，你可以用圖畫裝飾這張海報，並把這些話寫在海報上：

我們不會欺凌別人！
如果我們見到欺凌事件，就會：
說出來！尋找幫助！互助互愛！

給老師、家長和照顧者的話

很多孩子都曾經被其他孩子或大人作弄。通常，孩子被人作弄，就會感到尷尬、難過、灰心、生氣等。如果你的孩子正被人作弄，他們需要知道向大人求助不是一件壞事。要讓孩子知道，把自己被作弄的經歷和難受的感覺告訴大人，並不等於是告發別人或被視為說謊。他們並不是為瑣碎事抱怨，也不是說謊，而是把事情說出來，以得到別人的幫助來面對問題。

孩子需要學習一些技巧和方法來幫助他們面對別人的作弄或欺凌。《遇上欺凌，不畏懼》提供了一些方法，讓孩子知道怎樣面對這些情況。你可以採用本書的方法來幫助孩子，例如教導他們在被作弄時，不用理會對方和離開現場；告訴他們一些一笑置之的方法；讓他們練習怎樣用說話回應作弄他們的人。只要你和孩子在一個不受威脅的環境裏多練習，在他們處於充滿壓力的情況時，就會更容易把這些方法用出來。

另一方面，要是你的孩子作弄別人，那該怎麼辦呢？你需要讓孩子知道，這些行為是不能接受的，而且作弄很容易會變成欺凌。你可以要跟孩子談談，了解他們這樣做的原因，例如生活裏是不是有些事令他們感到灰心，所以他們就拿其他孩子出氣呢？他們是不是同時也被其他人欺凌呢？

如果你的孩子正被別人欺凌，或是他們告訴你有其他孩子被欺凌，這就表示他們知道自己急切地需要尋求你的幫助和支持。你應該冷靜地聆聽他們的話，並給予他們安慰和支持。孩子可能會猶疑，不把欺凌的事告訴父母，原因是他們對於被作弄、欺凌而感到尷尬或羞愧，或者是擔心父母會難過、憤怒或反應過度。有時候，孩子會害怕如果把事說出來，被欺凌者知道，事情就會變得更差。有些孩子則擔心父母不相信他們、不理會他們，或是擔心父母會叫他們反擊。其實他們內心是很害怕的，所以如果孩子願意跟你傾訴這些事，請好好地稱讚他們。

雖然你的孩子可以自己閱讀這本書，但如果你能跟他一起閱讀，得益就更大了。你的孩子可能會喜歡一口氣把這本書讀完，但有些孩子較喜歡每次讀幾頁，這樣他們會較易掌握和明白書中的內容。無論是哪個方法，你也可以找到很多話題來跟他們討論。你可以問問孩子，例如「你試過用這個方法嗎？」、「你覺得這個方法怎麼樣？」、「這個方法怎樣對你有用嗎？」

讀過這本書和確認了哪些方法能幫助孩子後，你可以重溫本書內容，想想哪些方法和提議在日後或許有用。要是情況沒有改善，你可以跟孩子談談可以再怎樣做。如果你願意對孩子付出時間、耐心，支持和鼓勵他們，孩子被作弄或欺凌時，一定能學會面對和克服。不過，如果你知道孩子在學校裏被欺凌，可以跟校方談談。

你也可以向本書P.30提供的兒童輔助服務機構諮詢，尋求意見和協助。